नंदकिशोर

नंदकिशोर खुने

क्रम-सूची

भूमिका   v

पावती (स्वीकृति)   ix

आमुख   xi

   1. अध्याय 1   1

   2. अध्याय 2   3

भूमिका

<u>कल्पना की उड़ान</u>

एक नारी सबपे भारी
हमने देखी है नारी को
अनेक स्वरूप में
एक स्वरूप है
चंद्र सी शीतलता भरी नारी
उसका एक अनोखा रूप है
और अंतरिक्ष मैं बैठे-
उस चंद्र को स्पर्श करना तो
कभी उस चंद्रमा की प्रतिमा
सपनों में देखना
जमीन आसमान का नहीं
अंतरिक्ष का फर्क है बस
एक सपना था उसका
मन में अनंत गति से
उस अंतरिक्ष के छोर को छुने की
और उसमें व्यतीत करना
और उसी में विलीन होना
यह सब असामान्य होता है
सहज नहीं किसी को
लेकर "कल्पना"की उड़ान

❧❧❧

मेरा भारत...

मेरा भारत सबसे प्यारा है
यह गुलिस्तान हमारा है
यह देश मेरी जान है
तिरंगा हमारी शान है
सारे जहां से न्यारा है
मेरा भारत सबसे प्यारा है
वीरों की रक्त से है सजा
अखंड भारत मेरा है
कण कण में राम और
कृष्ण समाए
वो धरोहर हमारा है
मेरा भारत सबसे प्यारा है
वंदे मातरम यही हमारा नारा है

वेड मज तू

वेड मज तू
असे लावले
माझं मलाच
न कळले

हळव्या मनात माझ्या
तू अशी रुजली
तुला काय सांगावं
मज न उमगले
माझं प्रेम आहे
तुझ्यावर अपार
अंतरीचे भाव
तुला कसं न कळले
जगावं वाटतं तुझ्या
आठवणीत मला
हृदय तुझ्यासाठी
निरंतर धडधडले
वेड मज तू....
जगणं हे माझं अधुरं
तूच करावं पुरं
तुझ्या एक होकारासाठी
श्वास हे तडफडले....
वेड मज तू असे..

पावती (स्वीकृति)

पेड़

हर एक पेड़ हमारे लिए
बहुत किमती है।

कागज बनता है पेड़ से ही।
हमें हर एक कागज संभाल के
उपयोग करना है।
जिसमें हम लिखते हैं हमारी
अस्तित्व और अस्मिता की कहानी।
हमारी कविताएं वहा सुरक्षित है
हम सब उसपर ही लिख रहे हैं।
जो हमारे लेखन की अस्तित्व को
संभाल कर रखता है।
यह बस प्रकृति हीकर सकती है।
प्रा नंदकिशोर खुने

आमुख

कहाँ हो तुम ?

कहाँ हो तुम ?
जाने कब से ढूँढ रहे हैं हम
ढूँढा तुम्हें मत पूछो कहाँ कहाँ
जहाँ देखा दिखती तुम वहाँ वहाँ
यह कैसा है मन में भ्रम।
कहाँ हो तुम ?
जाने कब से ढूँढ रहे हैं हम।
तुम्हारे सिवा कोई नहीं मेरा
यह जानती हो तुम ।
छोड़कर क्यों चली गई मुझे
मैं रह गया अकेला तन्हा ।
सता रहे हैं कितने मुझे गम
कहाँ हो तुम ?
जाने कब से ढूँढ रहे हैं हम
आ जाओ अब
यह दूरियाँ सही नहीं जाती ।
देखो ना दिल में कितने दर्द भरे हैं
किसी को कैसे बताएँ हम ।
कहाँ हो तुम ?
जाने कब से ढूँढ रहे हैं हम..!
कहाँ हो तुम ?

जाने कब से ढूँढ रहे हैं हम..!
कहाँ हो तुम ?
जाने कब से ढूँढ रहे हैं हम..!

❦❦❦

बात..

पेड़ों से बात करता हूं।
और वह भी मुझे कुछ न कुछ
कहते हैं।
यह हमारी दिनचर्या रहतीं हैं
वह बिमार पड़ गई
लेकिन कुछ दिनों से
बाते करनहीं पाया
मुझे होने लगी उसकी फिकर
अब लगने लगा कि, क्या करूं?
उसके बिना जीकर
वहीं थी मेरे जीने की वज़ह
उसके जाने के बाद
मैं कैसे जी पाऊंगा
क्योंकि, वहीं तो मुझे सांसे
देती थी।
क्या कोई लौटायेगा मेरी सांसें
मेरी जिंदगी, जो इन पेड़ों के बिना
अधूरा है। मैं जान गया
क्या आपने जाना...!

नहीं... फिर जान लो..!!!
पेड़ लगाओ ? पेड़ बचाओ

अध्याय1

मुझसे पूछा किसीने..

किसी ने मुझसे पूछा," क्या तुम कविता लिखते हो?
मैंने कहा हां कभी कभी,
लेकिन मैंने एक कविता में बहुत सारे कविताएं पढ़ी?
"कौन सी कविता जिसमें सारी कविताएं हो..?" उसने पूछा.
मैंने कहा," हर तरह की कविताएं पढ़ी है। एक ही कविता
में"
जैसे कविताओं में, खिड़की और पेड़ की, कविता पढ़ी है
मैंने ओ माई री..! क्या कहना..
हां मैंने यह भी कविता पढ़ी है ।
और वो वाली कविता पढी जो कि बच्चे 1 दिन
पृथ्वी की अंतरिक्ष में समकक्ष रख देंगे। तब मुझे पता
लगा बच्चों की कल्पना शक्ति का..!
मैंने पढ़ा है प्रकृति के हर विपदा को
इनकी कविताओं में..
मैंने पढ़ा है प्रेम के हर रंग को
हां मैंने पढ़ा है कविता को, बहुत कम
लेकिन इनकी कविताएं बहुत सारे पढ़ी है।
कविता पढ़ना अच्छा लगता है...!
क्योंकि... मुझे कवि बनना है...!

इनके हर एक शब्द में कविता है।
वह स्वयं ही कविता है।
जहां से दुनिया की
सारी कविताओं का उद्गम स्थल है।

अध्याय2

क्या हमें कोई समझेगा?
क्या कोई हमें जानेगा
कि हम को क्या चाहिए ?
इंसानों ने हमारे घर पर
कब्जा किया है। पूरे जंगलों
का विनाश किया है।
अब हम जाएं तो कहां जाएं ?
बस यही चिंता सताती है...!

प्रेम में हो जाऊं मगन
जैसे बहरते जाए यह मन
आंखों का हो दर्पण
जैसे सजाए हो जीवन
प्रेम में हो जाऊं मगन
जैसे ख्वाबों में हो तेरे दर्शन
संग भावनाओं के अनेक रंग

जैसे करें सुगंधित हर क्षण

❧❧❧

ये किताबे
हमारे सबसे अच्छे मित्र हैं
बस जरूरत होती है उन्हें
पढ़ने की। ये हमारे लिए
मार्गदर्शक का काम भी करता है
बह हमें थोड़ासा समझना होगा
ये किताबें
हमारे लिए मुक्ति का
साधन भी है

❧❧❧

आओ और थोड़ा करीब
देखु मैं तुमको जी भरकर
कमर तुम्हारी पकड़कर
हाथ धरे जो कसकर
होठों से होंठ पर रखकर
तुम कभी ना कहना बसकर
यह पल फिर न आए लौटकर
मन में तेरा ही धून पाकर
आ पास आ, तु न जाना लौटकर
जी भर तो देख लूं तुम को एक बार

❧❧❧

आप जैसे ही शुन्य हो जाते हैं
आप निर्भय भी बन जाते हो
इतना आसान नहीं स्वयं को
शुन्य रखना
मन दौड़ता है बार बार
एक बेलगाम अश्व कि तरह
फिर स्वयं को शांत करना होता
स्वयं के ही अंदर के कोलाहल से
एक बार का प्रयास नहीं चलता
इसे निरंतर चलते रहना पड़ता
तब कहीं गति मन की
हो जाती है शुन्य

❧❧❧

खोया है मैंने
अपने मां बाप को
बचपन में
खोया है मैंने वक्त सारा
लड़कपन का
जिम्मेदारी निभाने में
आज भी कमी महसूस होती है
मां बाप के प्यार की

❧❧❧

मेरे जीवन में थोड़ी सी धूप मिले
थोड़ी सी छांव मिले

तेरी आंचल के तले
तुम और मैं रहूं उस
नीले आसमां के तले
तेरे प्यार में हम
धीरे धीरे डुबते चले
जैसे आसमां के उस
छोर में प्रभास ढले

❧❧

प्रकृती ही हमारी सबकी मां है।
हमारी मां जैसे हमको नौ माह से
हमें अपने कोख मे रख कर हमारा
पोषण करती है।
वैसे ही यह वसुंधरा
हमारे लिए नित्य प्रति दिन हमारे
सबके लिए अच्छा आहार, विहार का
प्रबंध करती हैं।
अगर हमारी मां छोड़कर
चली जाएगी तो उतना फर्क नहीं पड़ेगा।
अगर प्रकृति साथ न दे जीवन हमारा
ध्वस्त हो जाएगा।
इसलिए प्रकृति से
बढ़कर हमारे जीवन में कुछ भी
महत्व का नहीं है।
हमें हमेशा याद रखना चाहिए हम हमारे लिए
प्रकृति है, प्रकृति के लिए हम नहीं। हमारे ना
होने से प्रकृति का कुछ भी नहीं बिगड़ता।

इसलिए प्रकृति की सुरक्षा हम सबकी जिम्मेदारी है

❧❧❧

जो कोई भी है मन में तेरे
उसे अब उतार दो
देखो आया हूं कितनी दूर से
तुझे पाने, मुझे भी तो
थोडा प्यार दो
जी करता है तुम से जी
भर के प्यार मैं कर लूं
सुनो तो जरा तुम्हारे
सारे सितम हंस कर सह लूं
छोड़ दिया मैंने सबकुछ,
अब तुम्हारे लिए जी लूं
तुम साथ हो तो
घाव भी भर जाए और
जख्मों को भी सी लूं

❧❧❧

बस तुम घूमती रही उसके
चारों तरफ
देखते देखते उसे,न
जाने क्या होने लगा
बनकर वह केंद्र
फिर भी ध्यान
उसका खोने लगा
वह भूल बैठा स्वयं को

मानो सारे राह भी
तुमसे ही है,
तुम स्थिर थी और
वह घूमता रहा
तुम्हारे खयालों में...

मैं और तुम
तुम और मैं
जीस्म दो है
पर जान एक
है हम...
अब तुम से दूर
रह न सकेंगे
एक पल भी
साल लगेंगे...
आओ जरा तुम
इतना करीब,
बदल दो
मेरा नसीब...

हमे पढ़ना होगा
आगे बढ़ना होगा
संकल्प लेकर
श्रेष्ठ भारत हमें

बनाना होगा
हम सब एक हैं
एक ही हमारा स्त्रोत
जन्म से नहीं कर्म से
श्रेष्ठ बनना होगा।
जगाकर विज्ञान की ज्योत

❧ ❧ ❧

उत्तम आकिंचन्य धर्म
आकिंचन्य सिखाएं हमें
करना मोह का त्याग।

बाहरी वस्तुओं से मोह न रखकर,
करके परित्याग।
तभी तो होगा जीवन अनुकूल
आत्म शुद्धि के लिए ।
प्रलोभनो और परीग्रहों को
छोड़कर परमानंद प्राप्ति के लिए।

❧ ❧ ❧

"उत्तम तप धर्म"
इच्छाओं में बनकर मैं स्वयं अवरोध
तप से तपना, तपसे स्वयं को तपाना
तप से ही मिले जीवन को एक नया बोध ।

तप की अग्नि में इच्छाओं कर हवन
तभी होगी हमारा तृप्त हमारा जीवन

❧❧❧

उत्तम संयम धर्म"
संयम ही जीवन
में खुश रहने का
सरल मंत्र है
संयम से ही खुलते हैं
मोक्ष के द्वार
संयम से ही
मिले ईश्वर का प्यार
संयम ही धर्म है
संयम ही सहज कर्म है

❧❧❧

दशलक्षण महापर्व राज
उत्तम सत्य धर्म
सत्य हमेशा उस ध्रुव तारे की जैसा है
जो जीवन को मार्गदर्शन भी करता है
और उसे उभरता भी है। भले ही उसका
पथ आरंभ में कठिन हो, लेकिन उसका
अंत हमेशा आनंदमय रहता है।
और यही सत्य है।
"सत्यमेव जयते"
"सत्य परेशान हो सकता है पराजित नहीं"?

"उत्तम शौच धर्म"
जैसे तन की शुद्धि और पवित्रता
का महत्व होता है जीवन में वैसे
ही आत्मा की पवित्रता के लिए लोभ,
मोह, द्वेष, और मत्सर आदि विकारों
से मुक्ति पाना ही जीवन का लक्ष्य
होना चाहिए। लोभ नहीं करना चाहिए।
लोभ ही पाप की जननी है।

उत्तम मार्दव धर्म
मन में हो जिसके मृदुलता
व्यवहार में हो जिसके विनम्रता
दूर रहे तो जाती, कूल,रूप,
ज्ञान और प्रभुत्व से,
जाने जो यह सब नश्वर,
वही उत्तम मार्दव धर्म हर तत्व से

जब मन में हो अशांत भाव
महसूस होता है किसी का अभाव
मन में उत्पन्न होते हैं अनेक विचार
कुछ नहीं कर पाता हो जाता है लाचारसुख की खोज में
भटकता मनुष्य
उसी सुख में कोई होता है जब अटकाव

क्योंकि होता है उसे उसी से लगाव
विघ्न उत्पन्न करें कोई उसके कार्य में
होती है क्रोध की उत्पत्ति
ऐसे वक्त में सामंजस्य स्थापित कर
करे क्रोध का निदान क्षमा कर

❧❧❧

कृष्ण की है यह कथा
कृष्ण की है यह गाथा
हमारी संस्कृति ने ही
हमें बचाया है।
धर्म रक्षा करें जिसकी
उसे अब तक न कोई
मिटाया है।
स्वयं को बढ़ाना है
अपनी संस्कृति का मान
तभी तो समझेगी
दुनिया फ़िर करने
लगेगी अपने धर्म का सम्मान

❧❧❧

मुझे मेरी खता बता दो
फिर तुम मुझे सजा देना
आखिर क्या हुई हैं मुझसे भुल
चढ़ा ऊपर दिया मुझे क्यों शुल

प्यार तो मांगा था तुमसे
थोडासा झुठ मुठ का प्यार ही जाता दो
आखिर गलती क्या हुई हैं
वो तो बता दो।
जी लुंगा मैं बिन तेरे, लेकिन
मुझे मेरी खता बता दो।

❧❧❧

एक गांव की कहानी थी,
रूखी सूखी थी।
कोशिश में सच्चाई थी
सुखा पड़ा गांव को, कर
हरी भरी खुशियां लाई थी
अगर कोशिश करे तो
क्या नहीं कर सकते हैं ।
सिर्फ गांव की नहीं हर इंसान
किस्मत बदल सकते हैं।
हमे बनाना है हर गांव को
हिवरे बाजार सा आदर्श गांव

❧❧❧

उम्र के साथ प्यार
मेरा कभी न होगा कम
साथ साथ थे और रहेंगे हमेशा
चाहे खुशी हो या ग़म
तुझ से करता रहूंगा प्यार
और यह कभी न होगा कम

कर सकती हैं मृत्यु हमें
पर मन में तुम ही हो हमदम
साथ रखेंगे हर कदम
वादा मेरा रहा हरदम
तुम मेरे लिए जीवन हो प्रिया
तेरे लिए ही अब तक जिया

यह कहानी नहीं है यह है
हकीकत एक व्यक्तित्व की।
लगाया था दांव पर अपना
अस्तित्व को, देश के लिए
डटकर किया है सामना
सारे समस्याओं को हराकर
पुरस्कृत भी किया गया
उन्हैं पद्मश्री, पद्मभुषण देकर
सिखना है हमको बहुत कुछ
चाह है मन में तो पा सकते हैं सबकुछ

जरा उस चंद्र से पुछना
कबसे खड़े है
इंतज़ार में तेरे
तुम बिन मैं अधुरा
तुम को ही याद करते हैं
शाम सवेरे।
आज आना मिलने
मुझसे तुम,

देखो जरा
मौत को भी
रूका रखा है
इंतजार में तेरे।

❧❧❧

सच कहूं तो
तुम को भुला
नहीं सकता,
तुम आईने में
देख अपने खुबसुरती
को निहार रही थी
मैं खड़ा था
तुम्हारे पिछे
तुम्हारे घने
बालों को संवार
रहा था। वो पल
मेरे जिंदगी का
यादगार पल था

❧❧❧

जीवन योग है
जीवन प्रयोग है
मानव जीवन
एक सौभाग्य है
सुफल जीवन का सार
कर्म फल का त्याग है

जीवन माने तो
सहज साध्य योग है।
सुख दुख तो
जीवन का राग है
सुख कर जीवन
रहस्य त्याग है।
जीवन मिला यह
एक बड़ा संयोग है
ईश्वर प्राप्ति के लिए
करना जरूरी योग है।

❧❧❧

पिता का रहना साथ में
जैसे कठिनाइयां
कितनी भी बड़ी
क्यों न हो
कठिनाइयां भी कहेंगे
मैं थका मैं हारा
जब पिता का हो सहारा
समुंद्र कि गहराई चाहे
कितनी भी हो,
उसे अपने पुत्र से प्यारा
कोई नहीं होता
लगा दे पार जीवन की नैया
होता है जब पिता का सहारा

❧❧❧

तनहा

मैं अकेला तन्हा
ठुंठ सा खड़ा रहा
मेरा जीवन बन सरिता
बस बहता रहा
कभी पीले पत्ते
की तरह शाखा से
झड़ गया
मैं अकेला तन्हा
जिंदगी में रह गया

❧❧❧

इन्सान को हमेशा आगे
बढ़ते रहना चाहिए
जीवन जो एक बार ही मिलता है
सबके काम आना चाहिए
कोशिश ही है जो
किस्मत का ताला खोल देती है
जीवन में हमेशा हो
अगर कुछ पाने की तलब
जिंदगी बदल देती है।

❧❧❧

तुम्हारी शोख अदाएं
दिवाना मुझे बनाएं
पास तो आ मेरे सिने
से लग जा हाए हाए
मैं तो तेरा हूं अपना
तुम ही हो मेरी जिंदगी
तुम को जो माना अपना
तेरे ख्वाबों में है अब खोना

माना की आप को किसी से
प्यार है। आप को उसके
स्वतंत्रता का भी मोल
होना चाहिए
उसकी खुशियों को समझना
भी तो आना चाहिए ?
प्यार मतलब उसपर सिर्फ
अधिकार करना नहीं होता

लिख दु
मैं सारी खुशियां
तेरे नाम
तुझे याद करूं
सुबह शाम

नंदकिशोर खुने

भुला कर
सारे ग़म
न कर आंखें
अपनी तु नम
मैं हु साथ तेरे
दुर होंगे सारे
अंधेरे